JN439501

새벽이 아름다운 까닭

이정희 제3시집

계간문예

새벽이 아름다운 까닭

| 시인의 말 |

내가 시를 쓰지 않았다면, 지금 어떤 모습으로 살고 있을까 하는 의구심이 문득 생겼습니다.

문학의 길로 들어선 지 10년입니다. 나는 지금 시 외에 여러 장르의 글을 쓰고, 시낭송도 하면서 나름대로 멋진(?) 삶을 누리고 있다고 생각합니다.

시는 쓰면 쓸수록 어렵고 위축되지만, 용기를 내어 세 번째 시집을 상재합니다. 시의 힘은 참으로 대단합니다. 시는 내 가슴 속에 깊이 새겨진 상처를 치유해 준 언덕이 되었습니다.

시도 나도 성숙해진다면 더 바랄 것이 없습니다. 열심히 공부하겠습니다. 평문을 맡아주신 공광규 시인께 감사드립니다.

2023년 4월 아산에서

請霞 **李貞熙**

■ 차례

제2부

제3부

제4부

제5부

제1부

새벽이 아름다운 까닭

전철이 새벽을 깨운다
평소에 아끼던 옷 걸치고 집을 나선다

여명에 그리움이 스멀스멀
온몸에 전율이 일어난다

전철의 소음마저 사모곡 되는
새벽은 열여섯살 소녀이다

마술사

바람은 마술사다

손길이 닿는 곳마다
꽃의 세포가 살아난다

꽃은 어느 날부터
그 바람을 기다리느라
목이 더 길어졌다

부드러운 입김이 그리운
꽃과 풀잎은 오늘도
동구 밖까지 마중 나갔다

바람이 손을 휘휘 내젓자
빙산이 물속에 숨어버렸다

바람을 묶다

철사 줄을 챙긴다
대책 없는 바람을 묶어
고이 안방에 모셔야지

뜰 안의 백일홍에게 물었다
어디 가면 제멋대로인
바람을 찾을 수 있을까

길가의 코스모스가
손가락으로 안방을 가리키며
키득키득 웃는다

지조 없는 바람 언제 왔는지
천연덕스럽게
보료 위에 앉아 졸고 있다

바람에게 살금살금 다가가서
철사 줄로 꽁꽁 묶었다

가을운동회

매미의 초대에
신이 난 바람이
잔뜩 차려입고 집 나섰다

가을 운동회를 한다는
현수막이 걸려있고
풀벌레들 시끌벅적하다

동네 강아지들
살랑살랑 꼬리 치며
바람만 따라다닌다

뒷짐 진 바람은
오늘의 주인공인 양
연신 헛기침하며 으스댄다

심술쟁이

바람의 심술에
산천초목이
숨을 곳을 찾는다

소나무 가지가
발을 동동거리며
울부짖는다

찌푸린 바람이
들판을 노려보며
거친 말을
마구마구 쏟아낸다

겁먹은 언덕배기
바람의 안색 살피려고
곁눈질로 힐끗거린다

고운 꿈

고운 꿈을
울긋불긋 잎사귀에 걸었더니

아이들의 웃음소리가
메아리 되어
뜰 안을 채우고도 넘친다

답장 대신
보름달보다 큰 미소를
풍선에 달아 하늘에 띄웠다

붉은 단풍이
바람에 실려 고향 찾았다

나의 소원

산기슭에 구절초 나부끼면
사람들은 어김없이
나의 집 대문을 두드립니다

바스락 낙엽 밟는 소리
나는 왈칵 눈물 흘립니다

기쁨의 눈물방울 매단 채
모든 이에게
풍요와 희망을 선사하지요

가을을 위한 기도

조금씩 조금씩 진화하고 싶은
나의 소원 들어주실 거죠

매년 가을이면
사람들의 환성에 하루하루가
기적이고 희망이었지요

내년에는 올해에 입었던 옷보다
더 고운 빛깔의 옷 지어주세요

사람들의 눈동자 속에
빛나는 내 모습을 담고 싶어요

찬바람을 몰고 온 가을비는
소리 소문所聞 없이 내려주시고

노란 은행잎과 고운 단풍을
오래도록 마음속에 간직하고픈

소박한 나의 꿈 깨우지 마세요

세대 교차

나는 한때 귀한 몸이었어
이름 하나로
선망의 대상이었지

반세기 전에 내가
음료 시장을 주름잡았던 거
너는 알고 있지

아이들에게 사랑받았던
그때를 그리워하며
추억에 젖어보기도 하지만

세대 교차라는 명목 아래
슬그머니 내 자리는
한쪽 구석으로 밀려났어

뭇사람들의 외면에도
실망하지 않고
한 발짝 앞서기를 소망하는
내 이름은 바나나

꽃샘바람 · 1

하늘이 노랗다

세상을 깨우려고 일찍
서둘러 나왔지만
반기는 사람 없고
자신감마저 움츠러든다

난쟁이 풀꽃은
쥐 죽은 듯 고개 숙이고
방금 눈 뜬 꽃망울은
겁을 내며 숨을 곳을 찾는다

의미 없는 삶이 있을까
나 역시 꿈이 있지만
사람들은 나를
시새움에 목을 맨
속 좁은 이방인 취급이다

억울하고 어이없지만
내 마음 알아주는
봄이 있어 견딜 만하다

꽃샘바람·2

바람이 온다는 소식에
꽃눈은 가슴 쓸어내리며
뜬눈으로 밤새 뒤척였다

메모 한 줄 남기지 않고
도망치듯 내 곁을 떠난
조급했던 그 마음은 무엇일까

매년 찾아와 밖에서만
빙빙 돌다가 눈 마주치면
슬금슬금 뒷걸음질 친다

봄꽃 눈뜨다

겨울잠을 자면서 꾸는 꿈은
희망 없는 무료함이었다

부스럭거리는 작은 소리에
짜증이 주렁주렁 달렸다

딱 한 번의 눈 맞춤은
모든 세포를 깨우기 시작했다

손가락의 미세한 움직임은
전율이었고 사랑이었다

진정하라고 머리는 말하지만
불붙은 가슴은 뜨거웠다

끝없이 욕망을 갈구하더니
마침내 봄꽃은 눈을 틔웠다

비우고 또 비웠더니

더 많이
채우기 위해서는
아까워도
비워야 한다기에
큰마음먹고
버리고 또 버렸다

허전한 마음만
풍선처럼 부풀더니
폭죽 터지듯
젊음 청춘 사랑
기억마저 날아가 버렸다

무심한 구름

거미가 주인인 집

사람의 온기를 찾아
이곳저곳 더듬어본다

빈방을 시어詩語로 채운
시인의 안부가 궁금해서

지나가는 바람 붙들고
말을 걸어보지만

구름은 무심한 듯
허공에 걸쳐있다

슬픈 고백

안마당에 가득 핀 하얀 눈꽃
처연하다 못해 애가 끓는다

삶의 무게가 너무 커서
온갖 시련 가슴속에 간직하고

빈집을 지키기 위해
일가가 다 모였다는 개망초

포근하고 따뜻한 엄마 품이
그리워서 시련을 감내한다는

개망초의 슬픈 고백에
집안 분위기마저 숙연해진다

시를 쓰다

눈을 감았더니
텅 빈 집의 역사가
파노라마처럼 벽을 스친다

사람들의 정겨운 대화
음식 냄새와 아이들 웃음소리

깜짝 놀라 사방을 둘러본다
세월의 두께만큼 무뎌진 감정
재채기로 산화시키고

홀가분하게 사색에 잠겨
먼지로 시 한 구절 적어본다

제2부

가장무도회

암막이 서서히 올라가고
드디어 무도회가 열렸다

나무들의 축제다
나무들 하나하나가 주인공이다

출연자 모두 개성 있고 특별한
옷과 액세서리로 치장하고
관객들의 호응을 즐기고 있다

환호성이 장내를 뒤흔들었다
나무들의 행진을 보며
나도 아낌없이 박수를 보냈다

한번 열린 암막은
닫힐 기미가 보이지 않는다

가장무도회는 대성황이었다

몽돌 가족

밤바다를 구경 나왔다가
새파랗게 질렸습니다
별도 없고 등대도 없는
외로운 섬이
무서워 벌벌 떨고 있었죠

시커먼 바닷물이 밀려와
우리 가족을 후려칩니다
살을 깎는 아픔을 참느라
손과 발이 오그라들었어요

가슴은 숯이 되어 새까맣고
뭇매 맞은 몸뚱이는
자꾸만 자꾸만 작아졌어요

모난 세상 거친 세상을
둥근 마음으로 살고 싶은
우리는 몽돌입니다

마스코트

우리 가정은 다문화 가족이다

아프리카 케냐에서 온 마사이족은
제자리 뛰기 대회 세계 챔피언이고

소설 속 주인공인 돈키호테는
창을 들고 한껏 폼을 잡지만
보는 이들은 웃음보를 터뜨린다

러시아의 상징인 마트료시카는
둥글둥글 주름 하나 없지만
그 속마음은 꺼내도 꺼내도
알 수 없다고 예서제서 쑥떡거린다

영국 버킹검궁 출신 꼬마 병정은
근위병 교대식을 보러 온 인파가
그리운지 푸른 하늘을 쳐다본다

오늘도 다문화 가족은 깃발 흔들며
세계는 한 가족이라고 목청 돋운다

별이 된 딸

붉은 달이
하울링 하던 날
딸은 별이 되었다

말을 잊은
반려견犬 타니와 코리는
서로 끌어안고
머리 떨어뜨렸다

딸의 그림자를 쫓다가
나는 그만
비상구를 찾지 못해

지금도 구름 속을
헤집느라
열 손톱 뭉그러졌다

늙은 어머니

얼마나 촘촘하게 짰는지
곡식 한 톨 샐 틈이 없다
어디 곡식뿐이겠는가
비료와 소금을 품은
가마니는 늘 당당했다

세월을 이길 장사 없다며
가마니는 점점 낡고 삭아지더니
이곳저곳 터지고 해져서
곡식이 술술 새기 시작했다

피와 살 같은 곡식은
가마니를 떠나
다른 그릇에 담겼고

빈 가마니는
헛헛함에 몸서리치며
먼 산에 걸쳐있는 구름만
하염없이 바라보고 있었다

아버지

아버지는 장사壯士도 아니면서
초등학생인 나를 목말 태우고도
힘들지 않다고 웃으신다

동네 아이들 눈동자에
부러움이 별처럼 반짝인다

아버지가 따뜻한 손으로
내 등을 긁어주면
얼음보다 더 시원하다

아버지 얼굴에는
활짝 핀 사랑 꽃 매달렸다

다람쥐의 겨울

땅바닥이 들썩들썩 발바닥은 간질간질
다람쥐가 겨울잠 자려고 이부자리 깔았다

다람쥐 형제는 엄마 옆자리 서로 차지하고 싶어
핑크빛 엄마 잠옷 자락 움켜쥐고 씨름한다

아빠 다람쥐는 아기 다람쥐의 잠투정에
슬그머니 윗목으로 자리를 옮겨 눕는다

다람쥐의 코 고는 소리에 나목裸木 춤추고
입김으로 덮인 숲속은 아지랑이 피어오른다

발표회

별이 흐른다
은은하다
스텝 밟는 소리에
강당이 눈을 크게 뜨고
귀 쫑긋 세운다

우아한 몸짓에
잠시 여왕 자리에 앉았다

어!
애벌레도 출연했네

다시, 별을 기다리며

새벽, 희미하게 날이 밝아온다
희망의 빛이다
밤을 지새운 별이
까치발로 구름에게 다가가서
포옹하며 인사 나눈다
구름도 어깨 활짝 펴며
별을 반갑게 맞이하지만
별은 헤어질 시간이라 말하며
아쉬워한다

다시 만날 수 있을까?

아침 풍경

이슬 수액 맞은 라일락
얼굴 빳빳이 들고
노래 부르기 시작한다

싱그러운 아침을
찬양이라도 하는 듯
표정이 근엄하다

향기를 맡은
호랑나비 한 쌍이
라일락을 감싸 안는다

내비게이션

길을 잘 찾는다는 칭찬에
우쭐해졌다
똑똑하다는 말을 듣고
기분은 날아갈 듯하다

처음부터
길눈이 밝은 건 아니다
상상을 초월할 만큼
지독한 길치였다

격려에 힘을 얻었고
훈련을 시켜준 덕분에
길 찾는 프로가 되었다

오늘도 눈 반짝이며
길을 나섰다

나는 길 찾는 도우미다

꿈이었나

창문 두드리는 소리에
잠이 깼습니다

"문 좀 열어주세요."
분명 강남으로 건너간
제비의 목소리입니다
맨발로 뛰어나가
귀한 손님 맞이했지요

제비는 편지 한 장을
슬그머니 내 손에 쥐어줍니다

말 못할 사연 적느라
고심했을 제비가 안쓰러워
눈시울이 붉어졌어요

손등으로 눈물 훔치고
고개를 들었더니
제비가 보이지 않네요

눈을 크게 뜨고
집안 곳곳을 찾았지만
그 어디에도
제비의 흔적은 보이지 않았습니다
오늘도 똑같은 꿈을 꾸었습니다

봄비를 맞으며

아른아른
하얀 입김 보았다

밤새
세찬 빗줄기가
모래처럼 흘러내렸다

봄비
무희舞姬처럼 곱게 화장하고
출근 준비에 한창이다

참새의 일기

비가 내린다

소심하다 못해
겁쟁이인 나는

나무들 눈치 보랴
풀꽃들 푸념 들으랴
오늘도 바쁜 하루다

구절초 노랫소리

고운 꿈을
울긋불긋 잎사귀에 걸었더니

아이들의 웃음소리가
메아리 되어
뜰 안을 채우고도 넘친다

답장 대신
보름달보다 큰 미소를
풍선에 달아 하늘에 띄웠다

붉은 단풍이
바람에 실려 고향 찾아오고

산기슭에 구절초 노랫소리
평화의 깃발 절정이다

제3부

희망 사항

조금씩 진화하고 싶다

내년에도
고운 빛깔의 옷 걸칠 수 있기를

사람들의 눈동자 속에
아름다운 내 모습을 심어주고
고운 단풍과 함께 뒹굴고 싶다

소박한 나의 꿈이
이루어지기를 소원한다

세월

사계절을 품고 있는 액자의 틀은
내 마음을 통째로 끌어안는다
파릇파릇 봄 내음이 코끝에 매달렸다가
시원한 시냇물 소리로 더위를 식힌다
누런 벼 이삭은 나를 따뜻하게 해주고
백설은 티 없는 천사로 만든다
오늘도 액자 안에 고개 디밀고
쏜 화살처럼 날아가는 시간을
넋 놓고 바라보고 있다

겨울 숲

잎사귀를 세월에 빼앗기고
맨몸으로 덜덜 떨고 있는
나무들이 눈에 밟힌다

구름 매트 풀어
따뜻한 솜을 떠서
앙상한 어깨 가려줘야지

편백나무 숲

산림욕 하려고 숲을 찾았다
은은하게 풍기는 향에 취하고
마음은 하늘 위에 떠 있다

피톤치드 간직한 나무들이 모여
한겨울에도 젊음을 자랑하며
별처럼 눈을 반짝거린다

관광객의 인기를 한 몸에 지닌
편백나무 잎이 덩실덩실 춤추고
겨울 숲이 시끌벅적 살판났다

자화상

나의 꿈과 희망을 짊어진 바람은
뒤도 안 보고 멀리멀리 떠나버렸다

세상이 애처로워 두리번두리번
어김없이 떠오르는 해를 원망했다
따뜻한 위로 한마디 기대했지만
돌아오는 말은 오늘도 불화살이다

땅속 깊이 가라앉은 자존감은
혹한이 무서워 고개 들지 못하고
바스락바스락 올라오는 온갖 상념
겨울 숲이 먼저 알고 손수건 건넨다

빈 둥지

매운바람에
흔들리는 눈동자
갑자기 몰려오는
허기에 비틀거린다

태양의 뜨거운 열기
끌어오려고
사다리 타고
한 발 한 발 올라갔다

기러기의 날갯짓에
잠시 한눈팔았다
주위를 둘러봐도
나 하나 가릴 곳 없고

텅 빈 둥지에
근심만 가득 차 있다

겨울비

빗줄기에 붙어있던 옛이야기가
주렁주렁 끌려 나온다

가슴에 흐르는 추억 그리워
우산 받쳐 들고 거리로 나섰다

주룩주룩 내리는 빗물에
아쉬움과 회한悔恨 스며들었고
추억을 더듬는
내 마음 헤아린 겨울비는
머리를 좌우로 세게 흔들었다
흰 종이 펼쳐 놓고
마음에 겨울비 섞었다

차가운 물방울 후드득
가슴 한편에 자리 잡는다

붓이 내 마음 알아채고
일필휘지로 단숨에
그리움 가득 채웠다

시월의 마지막 날에

나뭇가지가 바람에 흔들렸다
나는 길가로 밀려 나왔다

지나가는 사람들은 나를
밟고 또 밟아댄다
조금도 미안해하는 기색 없이

나는 한겹 한겹 옷을 벗는다
봄 여름 가을 치장했던 고운 옷을

이제는 뿔뿔이 헤어져야 하는
서러움을 안고 뒹굴었다

시월의 마지막 날에 부르는 노래
새날 기약하며 힘을 내본다

마음을 키우다

몸은 그대로인데
마음은 자꾸자꾸 커져서
하늘과 맞닿았다

어느 때는 하늘을 뚫고
구름 위를 맴돌기도 했다
뜨거운 태양에
온몸 화상 입었다

아름다운 세상

사랑하는 딸과의 여행
설렘으로 잠을 설쳤다

가슴은 나이를 잊은 듯
사춘기의 젊음이 되살아났다

여행 가방을 챙기는 순간부터
딸은 나의 보호자다

딸의 시선 따라
풍경 바라보며 감탄한다

딸의 성품만큼
세상이 아름다웠다

길 떠난 사람

무엇에 쫓기듯 그리 급하게
잡는 손 뿌리치고 길 떠나더니

혼자 있는 게 외로웠나
생전에 사랑했던
딸에게 손 내밀었다

아빠를 좋아하던 딸은
뒤도 돌아보지 않고
인사도 없이 집 나섰다

사진 속 웃는 모습
한 점 티 없이 밝기도 해라

나는 오늘도 비틀거리며
그림자 찾아 나선다

현재진행형

어린 시절 내 꿈은
아름다운 성 안에 사는
예쁜 공주가 되고 싶었다

반짝반짝 빛나는
보석 달린 드레스 입고
시녀 몇 명 거느리고
성 안을 거니는 꿈을
매일 밤 꾸었다

그리운 그 시절
공상의 세계 속에서
예쁜 공주가 되고 싶다

어린 시절 내 꿈은
지금도 현재 진행형이다

내일의 해가 뜬다

오늘도 여전히 혼자다

에어컨에 선풍기를 켰어도
끈적끈적한 마음은 우울하다

내 뜻과는 상관없이
그리운 사람을 볼 수 없다니
가슴이 답답하고 마음도 아프다

내일의 해가 뜬다는 어느 가수의
노래를 듣고 마음 추스른다
분명히 내일도 해가 뜰 것이다

지금의 이별이 원망스럽지만
기다리면 만날 수 있겠지
내일은 또 내일의 해가 뜰 테니까

성난 폭염

하늘에 불 지폈다
꺼질까 마음 졸이며
기름 부었다
부채도 나섰다
훨훨 타오르거라

땅을 디딘 모든 것
바짝 말려 날려버려라

마음은 사랑 대신
거북이 등처럼 갈라지고
곰팡이 피어 시무룩하다

놀부의 심술도 아니고
사람들의 원망 소리 퍼졌다
폭염에 사람들은 기진맥진
시원한 소나기 한줄기를
하늘에게 빌어보지만

무심한 하늘은 오늘도
기죽지 않고
활활 타오를 태세다

손에 손잡고

가슴 펴고 눈 맞춤합니다
응어리는 고운 가루 되어
머리부터 발끝까지 스며들지요

손을 맞잡고 온기를 느끼면
구들방 아랫목처럼 따듯해지고
얼었던 아집이 술술 풀리겠지요

주먹을 펴세요
화알짝 마음을 여세요
주먹 악수보다
맞잡은 손이 보기도 좋아요

수국정원

나비는 기웃기웃 벌은 흔들흔들
꽃 잔치에 화사하게 핀 유구천

'시고르자브종'인 누렁이와 백구는
덩달아 신이 나서
꼬리를 살랑살랑 흔들어 댄다

수국 향기에 취한 노부부가
얼굴보다 더 큰 수국을 보고
내지르는 탄성이
태화산 정상을 넘어 메아리친다

제4부

소나기 예찬

빨간 고추가
기운을 차리고
활짝 웃는다

폭염에 지치고
삶의 의욕 잃었는데
한줄기 소나기는
생명수 되어
반짝반짝 빛나는
날개 달아주었다

퀸 로즈

나는 물을 많이 먹지 않아요
다육과랍니다

꽃을 많이 많이 피워서
오래도록
예쁜 모습 보여 드릴게요

가끔 주인의 과한 친절로
과습에 걸려
시름시름 몸살을 앓고 있지요

사람들의 웃음소리에
눈을 번쩍 뜨고 기다립니다

오늘도 예쁘다는 칭찬에
꽃봉오리가 활짝 웃었습니다

고독이라는 병

뒤뜰 구석에 숨어 있더니
모두가 잠든 틈을 타서
살며시 내 품에 안겼다

안아주기엔 부담스러울 만큼
커진 너의 몸뚱이에 눌려
나는 더 작아진다

네가 나를 감싸 안으니
숨을 쉴 수 없어 답답하고
하늘도 깜깜하여 눈멀었다

별 하나

손톱 위에 아련한 봉선화 연정
예쁘다고 쓰다듬어 주던 손길
엄마의 심장소리였다

첫눈을 기다리다 지쳐버린
분홍색 연서
내 가슴에 별 하나 새겨놓았다

나비처럼 날아간 마지막 이별
손톱 위에 흔적을 남기며
오래도록 기억하고 싶다

연륜

나이 한 살 보탰다
나의 눈물도 웃음도
너에게 맡기기로 했다
나의 꿈과
내가 살아가는 이유를
너는 알고 있었다

온종일 너와 함께 하겠다고
새끼손가락 걸며 약속한다
해결사인 너는
오해로 얽힌 실타래를
상처 없이 풀어 주었다

한 해 한 해
보태질 때마다
고마움에 머리 조아린다

바보들의 행진

해송인가 봐
해송 아니야 편백나무 같은데
전나무인가?
주목이잖아
주목? 주목은 비싼데
주목은 비싸요?

키 크고 멋진 메타세쿼이아
키득키득 웃더니
옆에 있는
도토리나무 허리를 찌르며
속삭인다

저기, 바보들이 걸어가네

대추나무의 일생

시부모의 기색 살피던 새색시
대추를 치마폭에 덥석 받았다

가시밭길 아프고 서러웠다
석삼년 아홉 해를
눈멀고 귀 멀고 벙어리로 살았다

새벽부터 잠자리에 들 때까지
일 만하다 보니 대추꽃처럼 작아져
있는 듯 없는 듯 늘 그림자였다

아들 타령하는 시부모 눈치 보느라
새색시 눈동자 가재 눈 닮더니
대 이을 아들 낳고 두 다리 뻗었다

행여나 아들에게 귀신 붙을까 봐
벼락 맞은 대추나무 찾아
마을로 산으로 들로 발품 팔았지

반백 년 대추나무 끌어안았던
새색시의 또 다른 이름은
대추나무 방망이와 대추씨였다

땡감 나무

삶이 고생스럽고 서러워도
살아있는 것이 축복이라기에

오늘도 담벼락에 기대어
하늘을 향해 두 팔 벌립니다

강렬한 햇빛에 눈을 못 뜨고
흐르는 눈물 손등으로 훔쳤더니

울 안의 땡감 나무 한 그루
내 귀에 대고 속삭입니다

비록 땡감을 먹을지라도
이승이 더 좋은 거라고

후회만 남기고

잘났다고 우쭐댔었다
친구들을 멸시하며 말도 섞지 않았다
못생겼다고 조롱하며 힐끔거렸다

상처가 깊은 친구들을 위로해 줄걸
후회해도 소용없는 일

내일 동이 트면 벌목한다는
산 주인의 말을 듣고 기절할 뻔했다
이미 12톤 트럭도 예약이 끝났다니
나는 그만 체념하기로 마음먹었다

어디로 가는지 어디에 쓰이는지
알고 싶지도 않다
단지 친구들이 나의 오만함을
용서해 주기를 바랄 뿐이다

바람風 등에 업히다

선물을 한아름 안은 바람은
천 리 길도 마다하지 않는다

내가 우울해하면 청량제 같은
이야기 한 보따리를 펼쳐 놓는다

눈물방울 그렁그렁 매달렸다가
바람의 호탕한 웃음소리에
나도 따라서 활짝 웃는다

오늘도 바람은 나를 등에 업고
신나게 하늘을 향해 달린다

시화전

지나가는 바람을 붙잡아
툇마루에 앉혔다

오늘은 내 벗이 되어주길
바라면서 말을 건네야지

하고 싶은 이야기가 많아
잎사귀마다
사연 적고 또 적었다

소문 듣고 왔다는 등산객이
하나 둘 늘어나더니
내 글에 답을 달아
색색으로 가지에 걸었다

등산객의 답신은
아름다운 시가 되었고
우리 집은 멋진 전시회장이다

뿌리 깊은 나무

의리는 곧 생명이라며
변함없이 오늘도
자리를 지키고 우뚝 서 있다

바람에 쓰러지지 않으려고
뿌리도 깊게
흐트러짐 없이 의연하다

마음 하나에 생生과 사死가
갈리는 인생사인 것을

뿌리 깊은 나무는
섣불리 나서지 않는다
맡은 임무에 충실할 뿐이다

내 이름으로 불리고 싶은 날

젖먹던 힘까지 보태어 온몸으로
연緣을 놓지 않으려 발버둥쳤다
그날을 생각하면 전율이 흐른다
간절한 마음으로 빌고 빌었는데

죽음과 삶의 경계에서
바둥거리느라 마음까지 멍들었다
지나온 세월이 허무해서 통곡도 했다

사랑하는 가족과 헤어져야만 하는
현실이 그저 먹먹하고 슬펐다
누가 우리를 이산가족으로 만들었는지
원망은 하지 않으련다

애처로운 눈빛도 사양하련다
오로지 내 소원은 한 가지
낙과落果가 아닌
내 이름으로 불리고 싶을 뿐

자존심을 찾아서

모진 풍파에도 자존심만은 지키고 싶었고
사람들의 찬사를 들으며 여기까지 왔다
부러울 것 없이 생生을 즐길 수 있었다

한 치 앞도 모르는 게 인생이라더니
뭇사람들의 질투와 시기에 속절없이 무너진
나의 삶은 세파에 휘둘려 허둥거린다
부끄럽게 실패라는 불명예를 목에 걸었다

목숨보다 소중했던 자존심에 상처 입은 나는
온몸을 둥글게 말고 얼굴 감춘다
상심이 큰 탓에 의욕마저 낭떠러지로 추락했다

그 모습이 애잔하고 안쓰러웠는지
지나는 바람이 한마디 툭 던진다
순응하는 것만이 자존심을 지킬 수 있다고

겨울 신사

나이에 어울리지 않게
긴 곤방대 물고
먼 산 바라보는 모습에서
채플린의 해학 보았다

빨간 머플러 두른 너는
스크린 속의 파일럿 닮았다
모든 이의 관심 속에 당당했고
패기는 하늘을 찌를 것 같았다

영광은 한순간의 꿈이었나
기척 없이 무단침입한 햇볕이
다음 생을 기약하라며
지붕과 문을 몽땅 떼어버렸다

눈사람 찾는 전단지가
오가는 사람 걸음 늦추고
연기처럼 사라진 너는
그림자도 남기지 않았다

아기 제비를 보내고

연미복을 흠모하던 아기 제비는
선물로 박씨 하나 담 밑에 남기고
핑크빛 드레스를 훌훌 벗어버렸다

혼자 가는 길이 홀가분하다며
뒤도 안 돌아보고 먼 길을 재촉하니
떠가는 구름도 망연자실 목 메었다

미처 짐을 꾸리지 못한 어미 제비는
제자리 뛰기를 멈출 수 없었고
발바닥은 너덜너덜 처참하게 찢겼다

원망은 꼬리 속에 꼭꼭 숨기고
주렁주렁 탐스러운 박瓢 기대하며
아기 제비 보듯 박씨를 품에 안았다

복 받은 달

마음 편히 오세요
모든 걱정근심 내려놓으세요
나만 믿고 따라오세요

물 흐르듯 막힘이 없고
하늘과 땅 뻥 뚫린 곳에서
마음껏 꿈을 펼쳐보세요

이웃들과 정을 나눌 수 있고
가슴속에 꼭꼭 숨겼던
거친 말言도 흉이 되지 않는 달

나는 그런 윤달이에요

제5 부

물보라의 향연

무지갯빛 보석들이 톡톡 튀어 오른다
그의 음성 눈웃음 손짓 몸짓
느끼고 싶어 창문 열고 고개 내민다

잠은 잘 잤는지 무슨 꿈꾸었는지
손가락 하나둘 접어보며
그의 얼굴 그의 숨결 그려본다

그의 진심이 담긴 문자를 보는 순간
눈망울은 윤슬처럼 빛나고
달궈진 볼은 비눗방울 되어 떠다닌다

욕심을 버리다

달의 표정이 어둡다
삶의 길에서 만나는 이
한숨 소리에 파도가 멈칫한다

달빛도 천차만별
어느 달이 내 것인가

내가 욕심을 버리니
구름에 가렸던 달이
환하게 웃으며 따라온다

정월 대보름

일 년 내내 바쁜 날이다
정월 대보름은 눈코 뜰 새 없다

달은 연중계획을 세운다
사람들 사연 들으며
달은 웃고 눈물 흘린다

희망을 잃지 말라는
달의 응원에
의기양양 미소도 환하다

원숭이 가족

원숭이의 재롱에 깔깔거리며
동물원은 박수 소리 요란하다
오늘도 어김없이 아빠 원숭이의 손에
들려있는 바나나
어미 원숭이 자애로운 표정으로
아기 원숭이를 품고 있다
아빠 원숭이 바나나를 입에 넣으려다
슬그머니 어미 원숭이 손에 쥐어주고
어미 원숭이는 바나나를 한입 물더니
아기 원숭이 입에 넣어준다
아기 원숭이 키가 한 뼘 더 자라고
아빠 원숭이와 어미 원숭이는
배부르다고 연신 배를 쓰다듬는다

바람이 불을 만나다

순간순간이 경이롭다

하늘의 뜻이었다고
뭇사람들은 말한다

태초에 이미 짜인
각본이었다고 꽃은 믿는다
불과 바람 마주 보며 웃는다

바람이 방문하던 날
햇볕도 기분이 좋아 싱글벙글

늦게 핀 꽃은
가는 세월 아깝다 탄식하며
가는 곳마다 은은한 향기
뿜어내고 있다

바람의 당당함에
꽃마저 의기양양 신났다

바람의 노래

아름다운 선율 속에
비치는 그의 얼굴
온화한 미소와 숨소리를
가슴으로 듣는다

휘파람에 실려 온
노래 한 소절
내 마음을
온통 흔들어 버렸다

바람이 스쳐 간
빈자리에
그의 감미로운 목소리가
창문을 넘고 있다

담을 넘어가는 덩굴은
그의 향기에 취하고

나도 담장에 기대어
바람의 노래 불렀다

봄비의 나들이

까르르 까르르
아이들 웃음소리
동네 골목이 촉촉합니다

또르르 또르르
화단의 자갈들
아이들 따라 나들이 갑니다

봄비,
오늘도 신이 났습니다

보물창고

봄비는
보물 창고인가 봐

꽃망울이
눈뜨기를 기다리다
잠을 설쳤다

꼭꼭 숨겨놓았던
금은보화
하나씩 꺼내놓는다

마침내
어린 꽃봉오리
말문 트였다

때비누가 웃었다

현이가 준 때비누
눈길 한번 주지 않았다
세신사가 때 밀어주고
마사지로 뭉친 근육 풀어준다

코로나19 확진자가
사우나에 출입하여
대중탕마다 빨간불이다

때비누가 껄껄껄 웃는다
이제 실력발휘 할 때라고

그래, 네 실력 좀 보자

끝까지 함께 하고 싶은

배 한 척 빌렸다
평소에 좋아하던 물건과
내가 아끼는 물건을 실었다

수평선이 보인다
이제 하나씩 둘씩 버릴 때이다

나의 분신이었던 물건들이
사라지는 모습을
물끄러미 바라보았다

그래도 끝까지
함께 하고 싶은 것은
사랑하는 가족이다

상사화

절츙을 보존하고 싶은 마음에
우리가 뭉쳤습니다

이웃들의 애틋한 사랑을
나도 듣고 싶어
산 중턱에 자리 잡았지요

사연 없는 삶이 어디 있을까요
한 꺼풀 벗기니
켜켜이 근심 걱정인 것을

내 손 잡고 일어나세요

닫혔던 마음 풀어지고
그리움만 가슴에 담기로
우리 손가락 걸고 약속해요

우리는 상사화입니다

희망을 찾다

옛날이야기가
주저리주저리
바다에 떴습니다

용왕도 해신도
쉬고 싶을 때
섬을 찾아갑니다

갈매기가 끼룩끼룩
짝을 찾아서
섬 주위를 맴돕니다

강강술래 제기차기
웃음소리에
섬도 들썩들썩 신났습니다

햇볕에 검게 그을린
아버지 얼굴에
미소가 떠오르고

아이들 지칠까 봐
구름은 그늘 만들어
이야기보따리 풀어놓고

호호 하하 섬사람들
입가에는 희망이
주렁주렁 걸렸습니다

섬島의 하모니

성城벽이
아기의 우렁찬 울음소리에
놀라서 흔들흔들

골목마다
축하의 나팔 소리 북소리
팡파르 울리고

노인들은 어깨춤 덩실덩실
웃음꽃으로 수를 놓았어요

잠도 잊은 채
사랑의 세레나데를
부르고 불렀더니

성벽은 저절로 무너지고
성은 성城이 아니고
신비한 섬島이 되었어요

마로니에, 마음에 새기다

일곱 가지 복을 새긴 날개 달고
눈짓하던 네 모습이 눈에 선하다

청명한 가을 토실토실한 알 낳고
일광욕하기 위해 외출했다는 너

지구촌 가로수 뽐내기 선발대회에서
우수한 성적으로 뽑혔지만 겸손했고

화려한 삶 속에서의 검소한 일상은
하늘공원 꼭대기까지 소문 돌았다

너만의 매력 구름으로 꼭꼭 가려도
사방팔방 꿀 찾는 벌들 눈 반짝인다

하루는 축복이었다

오늘도 축복의 시간이 나를 품어준다
한 발짝 떨어져서 나 자신을 살폈다
생각에 나사 하나 바꾸어 끼었더니
행복과 기쁨이 내 몸을 칭칭 감았다

꿈엔들 상상했을까 지금 이 순간을
부러워하는 소리 창틈으로 스며들고
누구도 흉내낼 수 없는 삶의 환희를
오롯이 혼자 즐기며 날개를 쫙 폈다

지나가던 바람 궁금한지 기웃기웃
바람을 초대할까 해님을 모셔올까
소중한 스물네 시간을 위하여 준비한
꽃다발 한아름 가슴에 안겨주었다

발足에게 물어본다

하늘 아래 높은 산이 모두
네 밑에 엎드려 우러러 보니
콧대가 하늘을 찌를 듯한데

공功은 다른 이에게 넘기고
늘 포용과 사랑으로
겸손하게 고개 숙이는 너

평설

| 평설 |

행복한 기억 따뜻한 서정의 언술

— 이정희 시집《새벽이 아름다운 까닭》

공광규

(시인)

1.

한 시인의 시집에서 인상적인 몇 편의 시는 시집 전체의 서정적 경로를 따라가는 이정표가 된다. 시 〈현재진행형〉에서 시인은 어린 시절 꿈은 아름다운 성 안에 사는 예쁜 공주가 되는 것이었으며, 지금도 현재진행형이라고 언술한다. 이런 그가 시 〈고독이라는 병〉에서 자신의 품에 고독을 안았고, 그 고독이 점점 자라나 커져서 고독의 체중에 눌려 자신이 더 작아짐을 발견하고 있다. 이렇듯 시인은 생활의 이편 한 곳에 이루지 못한 아름다운 환상과 고독을 동시에 쥐고 현재를 사는 존재일지도 모른다.

이런 이정희 시편들은 문장이 쉽고 잘 읽히며, 요즘 시가 읽히지 않는 시대에 큰 장점이다. 그리고 행수가 많지 않는 단형의 시들 다수다. 시인이 단형의 서정시 전통을, 학습을 통해서든 생래적 우연이든 잘 보전하고 있는 것이다. 또 그의 시집에는 꽃과 잎, 나무를 비롯한 식물 제재가 구체적 이름으로 상당수를 차지하고 있다. 새, 곤충 등 동물도 다양하게 등장한다. 아버지, 어머니, 딸, 가족 제재를 동원한 시도 여러 편 된다. 바람과 봄, 천기와 계절, 별과 달 등 천체 제재도 여러 번 반복되는 것을 알 수 있다. 따라서 그의 시 제재를 대략 유형화하면 동식물 제재와 가족 제재, 바람의 심상이 된다.

2.

예부터 식물은 시인의 심사를 투영하는 매개로 사용하는 사례가 많았다. 이정희 역시 〈땡감나무〉 〈대추나무의 일생〉 〈바보들의 행진〉 〈겨울 숲〉 〈구절초 노랫소리〉 〈아침 풍경〉 외에도 많은 편의 시에서 나무와 꽃과 풀 등 식물 제재를 동원하고 있다. 그의 시에는 땡감나무와 대추나무가 있으며, 해송, 편백나무, 전나무, 주목, 메타세쿼이아, 도토리나무가 있다. 구절초와 라일락이 있고, 상사화와 다육과 퀸 로즈가 있다. 개망초와 구절초와 은행잎이 있고, 바나나가 있다.

삶이 고생스러워도
살아있는 것이 축복이라기에

오늘도 담벼락에 기대어
하늘을 향해 두 팔 벌립니다

강렬한 햇빛에 눈을 못 뜨고
흐르는 눈물 손등으로 훔쳤더니

울 안의 땡감나무 한 그루
내 귀에 대고 속삭입니다

비록 땡감을 먹을지라도
이승이 더 좋은 거라고

— 〈땡감나무〉 전문

시인은 만물과 대화하는 자다. 만물에 말을 건네고 만물이 시인에게 말을 건네는 소리를 듣는 자다. 둘 사이는 서로 소통하고 교감한다. 화자와 나무, 인간과 식물이 서로 정서를 교환하고 있다. 시의 전반에 화자의 심사와 행위가 있고, 이런 화자에게 울 안의 땡감나무가 말을 건네 온다. 이런 사물의 소리를 아무나 듣는 것은 아니다. 사물에게 귀가 열린 시인만이 들을 수 있다. 이정희 역시 비인간인 땡감나무에게 감각이 열려 있어 땡감나무의 소리를 듣는다. 땡감나무와 대화를 한다.

시 〈대추나무 일생〉은 화자의 어머니 이야기일 것이다. 옛 혼인식에서 대추를 치마폭에 받는 의례를 거쳐 눈멀고 귀 멀고 벙어리로 "새벽부터 잠자리에 들 때까지/ 일만 하다" "대추꽃처럼 작아"져 존재감 없이 평생을 산 어머니의 서사를 시로 형상하고 있다. 하지만 아무리 존재감이 없는 어머니라도 자녀를 사랑하는 마음과 행위에서만은 존재의 빛을 발한다. "행여나 아들에게 귀신 붙을까봐/ 벼락 맞은 대추나무"를 찾아 마을로 산으로 들로 발품을 파는 어머니의 모습이 형형한 모습으로 보인다.

시 〈바람이 불을 만나다〉에서는 늦게 핀 꽃이 "가는 세월 아깝다 탄식하며/ 가는 곳마다 은은한 향기/ 뿜어내고 있다"며 자신의 인생관과 시간관을 형상하고 있다. 시에 자주 나타나는 구체적인 풀과 나무와 꽃과 잎과 열매들은 시인의 시선과 품성이 친자연적이고 생태적인 세계관임을 반영한다. 이정희의 시에는 길짐승과 날짐승, 벌레와 곤충 등 동물이 많이 등장한다.

원숭이의 재롱에 깔깔거리며
동물원은 박수 소리 요란하다
오늘도 어김없이 아빠 원숭이의 손에
들려 있는 바나나
어미 원숭이 자애로운 표정으로
아기 원숭이를 품고 있다

아빠 원숭이 바나나를 입에 넣으려다
슬그머니 어미 원숭이 손에 쥐어주고
어미 원숭이는 바나나를 한입 물더니
아기 원숭이 입에 넣어준다
아기 원숭이 키가 한 뼘 더 자라고
아빠 원숭이와 어미 원숭이는
배부르다고 연신 배를 쓰다듬는다

— 〈원숭이 가족〉

이 시는 원숭이 가족을 통해 부모와 자식이 어떻게 사랑을 실현하는가를 형상하고 있다. 수놈이 바나나를 암놈에게 전달하고, 암놈은 자신의 입과 새끼의 입에 넣어주는 행동을 통해 사랑의 이전을 보여주고 있다. 시의 후미에는 수놈과 암놈이 모두 배가 부르다고 배를 두드리는 결말을 통해 만족한 부부의 사랑과 참된 가족애를 은유한다.

시 〈숲속의 평화〉에도 다람쥐 가족을 통해 가족애를 형상하고 있다. 다람쥐 형제가 엄마 옆자리를 차지하려고 밀치는 모습과 아기 다람쥐에게 엄마 옆자리 공간을 내어주는 아빠 다람쥐의 태도, 그리고 이들의 사랑으로 주변이 따뜻하게 변하면서 나목이 춤추고 봄이 와서 아지랑이가 피어나는 것을 그리고 있다. 한 가정의 행복한 기운이 퍼져 세상을 따뜻하게 한다는 시인의 주제의식이 적실하게 표현되고 있다.

시 〈아기 제비를 보내고〉는 연미복과 드레스 상징을 통해, 먹이를 제비처럼 물어다 키운 딸이 혼인으로 짝을 찾아 떠나자 '박씨'를 어미제비처럼 품에 안고 "주렁주렁 탐스러운 박을 기대하며" 사는 어미의 헌신과 사랑을 그리고 있다. 이 밖에 〈희망을 찾다〉에서는 "갈매기가 끼룩끼룩/ 짝을 찾아서/ 섬 주위를 맴돕니다"로 표현하며, 시 〈원숭이 가족〉과 〈아기 제비를 보내고〉와 〈숲속의 평화〉는 엄마와 아기의 가족애를 비유한다.

시 〈참새의 일기〉에서는 참새가 화자가 되어 자신은 소심하고 겁쟁이여서 "나무들 눈치 보랴/ 풀꽃들 푸념 들으랴/ 오늘도 바쁜 하루"라며 참새의 행동을 통해 참새의 생태적 특성을 잘 그려내고 있다. 〈꿈이었나〉에는 화자의 꿈속에 나타난 제비가 편지 한 장을 손에 쥐어주는 사건을 진술하고, 시 〈빈 둥지〉에서는 "기러기의 날갯짓에/ 잠시 한눈을 팔았다"며 "텅 빈 둥지"가 기표하는 상실과 공허의 심리를 추상화한다.

그의 시에 곤충과 벌레를 다수 출연시켜 시의 제재 폭을 다채롭게 한다. 시 〈마로니에, 마음에 새기다〉에서는 "사방팔방 꿀 찾는 벌들 눈 반짝인다"로, 〈무심한 구름〉에서는 거미가 출연한다. 비어 있어 온기가 사라진 집은 거미가 주인이 되었다. 거미는 집에 온기를 불어넣는 주인인 시인을 찾아 이 방 저 방을 찾다가 거미줄을 치고 "지나가는 바람을 붙들고/ 말을" 건다. 〈발표회〉에서는 애벌레가 등장하고 〈아침 풍경〉에서는 호랑나비가 등장한다.

3.

가족은 일생을 통해 자신의 심리와 정서에 가장 많은 영향을 끼친다, 가족 가운데 아버지와 어머니는 가장 많은 신체적 접촉과 정서적 교류를 통해 성장과정에 가장 큰 영향을 준다. 그렇기 때문에 많은 시인이 자신의 아버지와 어머니를 시의 제재로 써 왔다. 이정희 시집에는 가족을 제재로 한 시들이 여러 편 보인다. 이를테면 시집의 표제 시 〈새벽이 아름다운 까닭〉을 비롯해 〈별 하나〉 〈수국 정원〉 〈길 떠난 사람〉 〈아름다운 세상〉 〈다람쥐의 겨울〉 〈아버지〉 〈별이 된 딸〉 〈대가족〉 〈몽돌가족〉 등이다. 이들 시에 언급된 가족 가운데 제일은 어머니일 것이다.

전철이 새벽을 깨운다
평소에 아끼던 옷 걸치고 집을 나선다

여명에 그리움이 스멀스멀
온몸에 전율이 일어난다

전철의 소음마저 사모곡이 되는
새벽은 열여섯살 소녀이다

—〈새벽이 아름다운 까닭〉 전문

익숙한 과거를 환기시켜주는 새로운 환경은 뇌를 자극하여 오래된 경험을 불러온다. 특히 여명이 시작되는 새벽의 풍경과 기온은 신체의 세포를 깨운다. 아마 전철과 가까이에 거주하는 화자는 새벽 전철이 지나가는 소리를 듣고 일어나 새벽 산책을 나서는 것 같다. 이런 여명의 신선한 공기는 활성화된 뇌세포가 과거를 불러오고 온 몸에 그리움의 전율을 일으킨다. 새벽 전철 지나는 소리는 따뜻한 어머니와 함께 했던 열여섯 살의 소녀시절로 돌아가게 한다.

다른 시 〈늙은 어머니〉에서 시인은 곡식과 소금을 담아두던 가마니를 어머니에 비유한다. 산업 발전으로 새로운 용기들이 쏟아져 나오면서 지금은 곡식을 가마니에 담아두지 않게 되었다. 그러면서 빈 가마니는 늙은 어머니가 된 것이다. 시 〈아버지〉에서는 얼굴에 "사랑 꽃"이 매달린 아버지가 화자를 즐거운 모습으로 목말 태워주고 따뜻한 손으로 화자의 등을 긁어주었던 기억을 떠올린다.

손톱 위에 아련한 봉선화 연정
예쁘다고 쓰다듬어 주던 손길
엄마의 심장소리였다

첫눈을 기다리며 지쳐버린
분홍색 연서

내 가슴에 별 하나 새겨놓았다

나비처럼 날아간 마지막 이별
손톱 위에 흔적을 남기며
오래도록 기억하고 싶다

— 〈별 하나〉 전문

별은 인간이 가 닿을 수 없는 신비한 존재다. 그렇기 때문에 사라지지 않는 별은 인간 존재 최후의 목표이며 희망이고 아름다운 이상을 열망하는 인류의 영원한 상징체다. 시에서 화자는 손톱 위에 봉선화 물을 들여 주던 엄마에 대한 아련한 기억을 더듬는다. 그리고 예쁘다고 쓰다듬어주던 엄마의 손길과 심장소리를 아련하게 듣는다. 엄마가 들여 준 봉선화 꽃물을 바라보면서 첫눈을 기다리며 사랑의 연서가 오기를 바라다가 그만 가슴에 별을 새겨놓았다고 한다.

시 〈몽돌가족〉은 무생물을 유생물로 전환한다. 별은 희망을 상징한다. 몽돌인 화자는 "밤바다를 구경 나왔다가/ 새파랗게 질"려 "별도 등대도 없는/ 외로운 섬이/ 무서워 벌벌 떨고 있었"다고 한다. "새파랗다"는 바다 심상이다. 어쩌면 놀라움의 심상과 이중효과를 노리려는 시인의 진술전략일 수도 있다. 시인은 시커먼 파도가 몽돌 가족을 후려쳐서 손발이 오그려 든다고 묘사한다. 몽돌은 모진 세상을 둥근 마음으로 살고 싶지만, 세파에 뭇매를 맞아 자꾸만 작아진다고 호소한다.

이정희 시에 딸이 등장하는 시가 몇 편 보인다. 〈별이 된 딸〉과 〈아름다운 세상〉, 〈길을 떠난 사람〉 등이다. 시 〈별이 된 딸〉에서 별은 어떤 의미일까? 죽음의 영혼일까? 화자는 "붉은 달이/ 하울링 하던 날/ 딸은 별이 되었다"고 한다. 하울링은 늑대의 울음소리를 말하는데, 집단생활을 하는 늑대가 의사소통을 하기 위해 내는 소리다. 이들은 하울링(howling)을 통해 서로의 위치를 알려준다. 1연의 아름다운 문장과 3연에서 "딸의 그림자를 쫓다가/ 나는 그만/ 비상구를 찾지 못해" 지금까지 "구름 속을/ 헤집느라" 손톱이 뭉그러졌다고 한다. 별이 된 딸과 어미의 고통이 상응하고 충돌하면서 아름다운 시의 효과를 낸다.

4.

이정희는 인상의 배경이나 심상으로 계절과 바람을 문장 속에 언급한다. 특히 바람의 제재가 많은데, 바람은 사람의 눈으로 보이지 않는 불가시적인 존재로 흐름과 이동을 상징한다. 바람은 스스로 존재를 보여주지 못하고 나뭇잎이나 나뭇가지, 구름 등 다른 사물을 통해 자신의 존재를 보여 줄 수 있을 뿐이다. 그렇기 때문에 바람은 종종 많은 시인의 시적 제재가 되었다. 이정희 시에 이런 바람이 등장하는 시편들은 〈자존심을 찾아서〉 〈바람을 묶다〉 〈마술사〉 〈가을 운동회〉 〈심술쟁이〉 〈바람 등에 업히다〉

〈시화전〉 〈뿌리 깊은 나무〉 〈바람의 노래〉 등 여러 편이다. 그 가운데 〈바람을 묶다〉는 수작이다.

철사줄을 챙긴다
대책 없는 바람을 묶어
고이 안방에 모셔야지

뜰 안의 백일홍에게 물었다
어디 가면 제멋대로인
바람을 찾을 수 있을까

길가의 코스모스가
손가락으로 안방을 가리키며
키득키득 웃는다

지조 없는 바람 언제 왔는지
천연덕스럽게
보료 위에 앉아 졸고 있다

바람에게 살금살금 다가가서
철사줄로 꽁꽁 묶었다

— 〈바람을 묶다〉 전문

화자와 백일홍이 대화를 하는 형식으로 쓴 대화적 어법의 재미있는 시다. 화자가 "대책 없는 바람"을 묶어서 고이 '안방'에 모신다는 의미 즉, 철사줄로 묶을 '바람'의 성격과 바람을 모셔야 하는 '안방'이라는 장소가 어떤 상징으로 다가와 공감하게 된다. 사람을 바람에 비유했을 것이라는 추측도 하게 한다. 화자가 백일홍에게 묻는 "제멋대로인 바람"이라는 언술도 바람의 속성을 적실하게 표현해주고 있으며, 제멋대로인 사람을 은유하고 있는 것 같아서 공감이 간다. 바람은 안방 보료 위에 앉아서 졸고 있고, 화자는 이런 바람에게 다가가 철사줄로 사로잡는다. 바람이 바람의 속성을 가진 사람을 자꾸 떠오르게 하여 흥미를 더하는 시다.

시 〈마술사〉에서 "바람은 마술사"라는 말이 인상적이다. 이런 바람이 지나가면 "꽃의 세포가 살아"나고, 그러면 반대로 꽃이 바람을 기다리는 상황이 오기도 한다. 이 시에서 바람은 겨울의 얼음을 녹이고 봄을 불러오는 긍정적 소재다. 〈바람이 불을 만나다〉에서 바람도 긍정 소재다. "바람이 방문"하면 햇볕도 기분이 좋아 싱글벙글한다. 바람이 불어야 한다. 꽃나무도 바람의 세기에 맞게 응대한다. 바람이 당당하면 꽃나무도 의기양양하다.

〈가을 운동회〉에서 바람은 매미의 초대에 응하고 뒷짐을 지는 생물체로 비유되며, 〈심술쟁이〉에서 바람은 산천초목을 괴롭히는 생물이며 인상을 찌푸리는 인물이고, 언덕이 안색을 살

펴야 하는 심술쟁이다. 〈바람의 등에 업히다〉에서 바람은 선물을 안고 천리 길을 다니는 사람이며, 화자가 우울할 때 "청량제 같은/ 이야기를" 펼쳐 놓는 사람이다. 화자를 "등에 업고/ 신나게 하늘을 향해 달"리는 생물이다.

시 〈시화전〉에서 바람은 화자가 붙잡아 툇마루에 앉히고 자신의 벗이 되어주기를 바라고 말을 거는 대상이다. 〈뿌리 깊은 나무〉에서 바람은 나무를 쓰러뜨리려는 물리적 대상이며, 〈바람의 노래〉에서 바람은 아름다운 선율의 노래를 불러 화자의 마음을 흔들어버리는 주체로서 바람이다.

5.

이정희 시는 문장이 쉽고 잘 읽힌다. 단형의 시 쓰기를 통해 서정시의 원형을 잘 보전하고 있다. 이런 그의 시법은 시가 읽히지 않는 시대, 대중이 요령부득의 시를 거절하는 시대에 매우 큰 장점이라고 할 수 있다. 이정희는 단형의 서정시 전통을 잘 살려 좋은 시를 쓰는, 우리 시대가 아껴야 하는 소중한 시인이다. 시 〈내 이름으로 불리고 싶은 날〉을 통해 그가 간구하고 있는 바, 낙과가 아닌 자신의 이름으로 불리는 소원을 이룰 수 있을 것이다.

그리고 이정희 시 문장에는 꽃과 잎, 나무 등 식물 제재가 상당수를 차지하고 있다. 새, 곤충, 동물도 많이 등장한다. 바람과 봄, 천기와 계절도 제재로 적극 수용하고 있다. 별과 달 등 천체 제재도 여러 번 반복하고 있다. 시인의 눈에 채집된 풍부한 자연물은 시인의 현실과 감정을 투영하는 중요한 매개가 된다. 그리고 시를 서정화 하는데 식물과 동물 제재만한 것이 없다. 이런 제재를 통해 들여다보이는 이정희의 사물관과 인생관이 따뜻한 서정으로 읽힌다.

특히 아버지, 어머니, 딸 등 가족 제재를 동원한 시들이 많은 편수를 보이는데, 어머니와 아버지와 추억을 동원해 진술한 시는 행복하고 따뜻했던 과거가 따뜻한 서정의 현재로 재구되어 다가온다. 시 〈다람쥐의 겨울〉을 통해 보여주는 가족애는 시인의 마음인 듯 따뜻하며, 딸을 제재로 한 시들은 지극한 사랑의 순간과 어떤 아름다운 이별이랄까? 하는 아픔도 아스라이 느껴진다. 또 다문화를 통해 가족의 의미를 확장시켜 대가족의 담론을 형성하기도 한다.

따뜻한 봄날 많은 독자들이 행복한 추억, 따뜻한 서정의 언술이 다가오는 이정희 시를 만나 잠시나마 행복한 시간을 갖길 바란다.

계간문예시인선 182

이정희 시집 _ 새벽이 아름다운 까닭

초판 인쇄 2023년 4월 25일
초판 발행 2023년 4월 28일

지 은 이 이정희
회 장 서정환
발 행 인 정종명
편집주간 차윤옥

펴 낸 곳 도서출판 계간문예
주 소 03132 서울 종로구 삼일대로 30길 21 종로오피스텔 1209호
전 화 (02) 3675-5633 팩스 (02) 766-4052
이 메 일 munin5633@naver.com
홈페이지 http://cafe.daum.net/quarterly2015
등 록 2005년 3월 9일 제300-2005-34호
연 락 처 03132 서울 종로구 삼일대로 32길 36 운현신화타워 305호
인 쇄 54991 전북 전주시 완산구 공북1길 16, 신아출판사
ISBN 978-89-6554-267-4 04810
ISBN 978-89-6554-118-9 (세트)

값 10,000원